Op aarde
 niet
en niet
 op zee

Nijgh & Van Ditmar
Amsterdam 2000

Op aarde
niet
en niet
op zee

J. SLAUERHOFF

100 mooie gedichten

gekozen door Henny Vrienten

De gedichten in deze bloemlezing zijn overgenomen uit
J. Slauerhoff, *Verzamelde Gedichten*. Nijgh & Van Ditmar,
Amsterdam, achttiende druk 1999.

Copyright © 1988 Erven J. Slauerhoff / K. Lekkerkerker,
Amsterdam / Uitgeverij Nijgh & Van Ditmar, Amsterdam
Copyright © samenstelling Henny Vrienten 2000
NUGI 310 / ISBN 90 388 7039 6

De zon straalt soms zoo fel uit de eeuwigheid,

Dat kleuren dringen in het oog der blinden;

Niets in 't heelal haalt bij de hevigheid,

Waarmee gedachte en rhythme elkander vinden.

Scheppingsverhaal

Gods kind had blokken in zijn boezelaar,
Waarmee het in de wolken had gespeeld.
Maar toen zij op wou bergen, moe, verveeld,
Zag ze in de doos en wist niet hoe ze daar

In passen moesten, keurig ingedeeld.
Want God was streng, maar sliep – dus geen gevaar.
Zij liet ze vallen, zag er niet meer naar
Om en ging vlug naar een mooi engelbeeld.

De blokken vielen door een leeg heelal
En kwamen op een leege wereld, waar
Ze bleven zooals ze er heen geworpen.

De meeste sprongen stuk tot berg en dal;
En die heel bleven vormden hier en daar
De groote steden en de kleine dorpen.

Voorwereldlijk landschap

Door 't slikmeer breken smalle steenkoollagen
Als zwart ijs, bovenop met asch beslagen.
Het glanst op versche breuken en verbrokkelt snel.
Verre springbronnen sissen hoog en fel,
Het dieptegas welt op, dampbellen bersten.
Een mastodont, verdwaald van 't grondig land,
Plonst door een zware laan moerascypressen,
Zakt af in 't dras, opstekend slurf en tanden:
Twee spitse blaren bij een kronkelende plant.
Zaagtandige bekken gapen uit het drab.
Over schubstammen beent een monsterkrab.
Boomvarens groeien sterk op lage randen.
De zon staat groot en vaag, een ronde damp, te branden.

Kindervrage

In den hemel staan de sterren
Als de kudden in de verre
Somber overwolkte heide,
Waar zij grazend zich verspreiden
Voor 't verschiet.

Hoe komt het dat zij niet verdwalen?
Wel is Maan een strenge herder,
Maar de hond die ze, als ze verder
Gaan dan mag, terug moet halen,
Is er niet.

Waarom gaan ze dan niet zoeken
Uit den hemel, in de hoeken
Van 't heelal, wat zich daarachter
Mag verschuilen, waar geen wachter
Hun verbiedt?

Waarom zijn ze bang gehoorzaam,
Blijven ze in kudde' er voor staan?
Als de maan met loome stralen
Hen toch wel niet in kan halen,
Waarom gaan ze dan niet dwalen,
Waarom niet?

Onderzeesch bosch

Onderzeesch bosch staat flauw en breed te golven.
Van onder, op gezwollen blauwe kolven:
Geknotste hoofden van een reuzenhorde
Gezonken en gebleven in slagorde,
Zoekt woekrend roodwier voedingsbron en stoeling.

Doodemansharen houden onbeholpen voeling,
In alle richtingen slijmdraden spillend.
Een zwaardvisch vaart er hevig tusschendoor,
Verdwijnt in 't diep van 't bosch, verscheurd voorttrillend.

Een donkre wolk zinkt in, schaduwend eerst, steeds vaster
Van omtrek: een gekantelde driemaster
Strijkt op de weeke toppen van het bosch
Scheef neer. Tuig, zeilen vallen; luiken laten los.
Onder lijkwaden, zware deksels komen bloot
Lichamen, blank en nog verwonderd van den dood.

Laagstaande plantengroei en 't klompgediert
Dat in de holen van de diepzee tiert,
Vreet aan met gulzige slingers, snel ontspruitend,
Met meterlang-gelede vingers vast omsluitend.

Jeugdherinnering

Dit was mijn eerste visie op de tropen:
Een gladde plaat boven de schoorsteenmantel,
Waarop, om lange palm, laag bladgekantel,
Een tijger sloop, de oogen bloedbeloopen.

Daarvoor, 'n Chinees in geel kleed op 'n theebus,
Met plat gezicht, hangsnor en scheeve oogen;
Op 't deksel stond een onoplosbre rebus:
Karakters van onmetelijk vermogen.

Daar staarde ik op en voelde mij rampzalig;
Chinees en palmboom deden mij wegdroomen
Naar verre landen, meer dan Verne-boeken.

't Ouderlijk huis was soms zoo duf en stug.
'k Wist niet dat ik heusch wel in de Oost zou komen
En even hard mijn lot er zou vervloeken.

Voorgevoel

't Is mij te moede als werd ik weer een kind
Dat nog niet spreken kan, begint te staamlen,
Dat vindt van moeder, menschen, dieren, wind
De stemmen even vreemd en eensgezind,
En door elkaar de klanken gaat verzaamlen.

Hoe heerlijk, nog te weten van geen woorden
Die zinnen worden en die weer gesprekken,
Bijvoorbeeld denken: een groen bosch heet Noorden,
Iets anders groots en groens heet zee, en moorden
Zijn zwarte dingen die men moet ontdekken.

De woorden hebben klank en kleur en glans,
Zij komen op en willen gaan bewegen;
Vaak is een stroef, een ander norsch, verlegen,
Maar als ik fluister dat ik nog niet regen
Van rag kan onderscheiden, zien zij kans
Op liedren die lang hebben stilgelegen,
Bijna verstandig waren doodgezwegen.

De schalmei

Zeven zonen had moeder:
Allen heetten Peter,
Behalve Wanjka die Iwan heette.

Allen konden werken:
Eén was geitenhoeder,
Eén vlocht sandalen,
Eén zelfs bouwde kerken;
Maar Iwan die Wanjka heette
Wilde niet werken.

Op een steen in de zon gezeten
Bespeelde hij zijn schalmei.

„O, mijn lieve,
Mijn lustige,
Laat mij spelen.
In de schaduw van mijn
Korte rustige vallei
Laat andren werken,
Sandalen maken of kerken.
Wanjka heeft genoeg aan zijn schalmei."

Volkswijze

Mager paardje, jaag maar:
De steppe is eindeloos breed,
De vliegen steken je flanken,
De steenen je zeere hoeven,
Je mag nooit stilstaan en drinken
En de zon is zoo hard en zoo heet.

Smal scheepje, vaar maar:
Eindeloos is de zee,
Al trillen je moede masten,
Al heb je te zware lasten,
Toch mag je in geen haven rusten
En aan 't eind van de reis moet je ankren,
Ergens ver buiten de ree.

Arm hartje, klaag maar:
De liefde is eindeloos wreed,
Je krijgt haar niet en haat ze
Of je krijgt haar wel en dan gaat ze
Toch later weer weg en verlaat ze
Het hartje dat haar beminde;
Nooit komt er een eind aan het leed.

Het boegbeeld: de ziel

Dit is mijn lot: gebeeldhouwd voor den boeg,
Den scheepsromp achter mij te moeten volgen;
Mijn zegetocht over knielende golven
Aan 't schip te moeten danken dat mij droeg.

Wel leef ik 't zwerven liever dan het vaster
Landlijk geluk, dat wortelt als een boom
In één trouw, voor één einder; mijn driemaster
Draagt me in de drift van iedren wereldstroom.

Liefkoozingen van alle golven schuimen
Over mijn borst en bevlekken mij niet.
Volgende reinigen van voorge, zij ontruimen
Mij snel, mijn vreugd blijft vrij van hun verdriet.

Ik zal nooit van een houden, zij zijn alle
Even witwoedend, even snel weer grijs.
Ik lok, zij streelen, laat ze los, zij vallen
In met het koor, dat sterft achter mijn reis.

Geen vrouw leed liefde zoo gelijk bewogen
In drift, als ik de zee: zijn ademtocht
Houdt mij beurtlings bukkend en opgetogen,
Geen man heeft machtiger zijn bruid bezocht.

Uit zoo groot omhelzen zoo zuiver zelf
Behield geen vrouw; over zijn diepte zwevend
Bleef mijn beeld in zijn borst begrensd en bevend.
Ik overleefde hem – tot des einders gewelf.

Geen bruid huwt met haar vorst gebied als ik
Met 't schip, dat mij meetroont, vorstlijk vrijgevig...
Máár 'k leef ook zeer bekrompen, onderhevig
Aan koers en vrachtvaart van de onvrije brik.

'k Lig met mijn romp in 't vuile dok verankerd
En duld de lading van smaadlijke vracht;
't Gelaat vertrokken, 't verre lijf verkracht
Voelt gevangen vrouw zich weerloos bezwangerd.

En houd ik mij hardnekkig in extase
Bóven gesternten, diep in zee gezonken,
Dan hoor 'k 't aanklevend schuim der aarde razen:
Vlak achter mij liggen matrozen dronken.

Zoo dronk ik schoon en schande in één teug.
Stijgt mij de roes der reine hemeldriften,
Dan werkt besef van laag bestaan als gift en
Proef ik zoo wrang dat 'k niet voor engel deug.

Dit zal het eind zijn: op een slordige helling
Van 't schurftig schip te worden afgesloopt.
Ik zal stom smeeken om een nieuwe stelling,
Laf, als een hoer die zich voor 't laatst verkoopt.

Men nagelt mij misschien als laatste gunst
Nog op de stompheid van een oude kof.
Wij passen bij elkaar: zijn molmge vunst'
En mijn geschonden schoon, verfloos en dof!

Dan weer berouw 'k, naakt in mijn schaamle schaamte,
Dat ik niet eer, als waardloos wrakhout stierf:
Liever nog lang met een roestig geraamte
Over 't geluksgebied van vroeger zwierf.

Bespottingen van alle golven botsen
Tegen mij op. Mijn leed wordt staag verbrijzeld.
Zij schenden mij, als de scherpkantige schotsen
Van vroegre liefde het onmeetlijk ijsveld.

Wie leed zoo fel, zoo laf, voordat hij stierf;
Met zooveel smaad gekroond, zoo laag gekruisigd
Over 't weleer bekoord gebied? Wie zwierf
Zoo lang rampzalig, voor hoogst Heil 't vooruitzicht

Van mijn wanhoop: dat na dit overwintren
Voorbij mijn dood eenmaal een storm, een hoos
Mij zal vernietigen, zoo vormeloos,
Dat 'k mij niet meer herinner in mijn splintren?

De voorpost

Mijn belegerd leven lijkt soms een voorloopige
Vestiging voor een toekomstig rijk;
Ik moet het houden, doe vaak wanhopige
Pogingen om ontijdig op te breken,
Als ik lijd aan 't heimwee naar de zalige streken
Die ik verdedig en zelf nooit bereik.

Het einde

Nog zweven liedren op den wind
En gaan van mond tot mond,
Van ouder op kind.

Maar 't speeltuig ligt in 't stof geworpen
En hij die ze er aan ontlokte
Is nu een afgestompte, verstokte
Dronkaard geworden in de laatste dorpen.

Nog zweven liedren op den wind...

Catastrophe

Hun vijver werd moeras,
Rust werd gevaar,
En nimfen zonken
Zwaar toen zij niet
Meer zwemmen konden.

Het bleekgroen riet
Week, door zwart poelgewas
Verstikt en overwoekerd,
Van de verwischte oevren.

Toen enklen bovendreven,
Gezwollen als verworgden,
De haren los,
Doken die overleefden
Dieper in 't bosch.

Maar steeds naar den ramp getrokken,
Zagen zij andere dooden
Die niet verdronken:
Zij die niet vloden,

Liggend in 't slib, de voeten
Domplend in drabbig water,
Een prooi voor iedren sater,
Wiens bronst hen komt bezoeken.

De dooden en de kinderen

Kom vaak bij ons. Jij die begint te leven
Verstaat ons 't best en bent het dichtste bij.
Een kerkhof vind je, evenals een wei,
Een plaats goed om te draven en te spelen.

Je praat met dingen die geen antwoord geven,
Die enkel lachen, stil, lang, als de zon,
Er schaduwen als glimlachen doen zweven.
Ook grauwe steenen in een dartle bron

Zijn oude watermannen van heel vroeger;
Zij moeten stilstaan en zij lachen goedig
Als je, schoenen en kousen in de hand,
Over hun hoofden springt naar de overkant

Om toovenaars te zoeken in het woud.
Je gaat stil zitten op een dooden boom,
Wilt blijven kijken, maar slaap maakt je loom.
Dan komen wij en worden even oud.

Ultra mare

Hier is de wereld niets dan waaiend schuim,
De laatste rotsen zijn bedolven
Na de verwekking uit de golven,
Die breken, stuivend in het ruim.

Het laatste schip wordt weerloos voortgesmeten,
Het zwerk is ingezonken en aschgrauw.
Zal ik nu eindelijk, vergaan, vergeten,
Verlost zijn van verlangen en berouw?

Lof der stoomvaart

Voorgoed is 't zacht, sierlijk gebogen hout
Geweken voor het harde en stijve staal;
Zeilschepen zijn nu schimmen uit een oud
En vaak gedaan, nu gansch vergaan verhaal.

Stoommonsters stevenen op alle zeeën,
Geschuwd door de enkle zwartverweerde brik
Die alleen overbleef om eens ons tweeën
Te varen naar het eiland van geluk.

De albatros

De wereld moe, voor vreugd te oud geworden,
Liet ik mij op den Westenwinddrift drijven
Van al wat op de aarde bloeide en dorde,
Alleen de golven eeuwge bloesems blijven.

Ten Zuiden van de Hoop- en Stormkaap
Hindert geen kust, geen klip mijn stille vaart,
Waar de albatros ook op zijn wieken slaapt,
Boven den storm, door sterren aangestaard.

De wolkenhorden, langgerekte baren
Omgorden een heelal, ledig en grauw.
De onzichtbre wind, de diepten openbaren
Mij meer geheimen dan de diepste vrouw.

Brieven op zee

Gelezen worden ze ontelbre malen,
Al was de inhoud haast vooruit geweten,
Van 't zelfde levensstof in alle talen
En op den duur tot op het woord versleten.

Toch weer ontvouwd, na 't eenzaam avondeten,
Des nachts op wacht, te kooi en na 't verhalen;
Voor hen die zooveel eenzaamheid verbeten
Is uit die letters leeftocht nog te halen.

Tusschen lieve en liefhebbende steeds staat er
Van kroost, huis, dorp en eiland weer 't alleen
Bij trouw, geboorte en dood gevarieerd relaas.

Na tal van reizen is het of een waas
't Bekende aan land omhult, men is alleen
En hoort bij 't schip en houdt het met het water.

•

Drie vlinders fladderen, dicht bij elkaar,
Midden op zee, voorgoed van land verdwaald,
Drie teedren op den woesten oceaan.
Eén ging nog, twee desnoods: een vluchtend paar –
Maar drie! Wat heeft het noodlot uitgehaald?

Toch, zijn ook soms opeens niet over mij
Drie teedre zaligheden bij elkaar,
Terwijl in het gewone nauwlijks één
Zich uit het grijs bestaan verheffen kan?
Dan, ver van 't land waarin ik daaglijks leef,
Komen haar kleine mond en twee zachte oogen
Tezamen tot den glimlach die belooft,
En ik verga en word wijd als de zee,
Eerst nog zoo klein, en in 't oneindige vluchtig
Zweeft haar liefde over mij, totdat ik opstorm
Om de andere drieëenheid te bezitten,
Haar borsten deinen doe, haar lichaam siddren
Van uit de plek die ik niet noemen zal,
Omdat ze diep ligt, ik alleen haar ken
En streng bewaak als zee al zijn geheimen.

Verzadiging

De lange achtermiddagen aan boord
Waarin de zon op vale golven gloort,
Tusschen de wolken uit, of door een lek
In 't hemeldak licht droop op 't gore dek.

De leege achtermiddagen aan boord
Waarin de zon, door een gesloten poort,
Tusschen de spleet in 't saaien kooigordijn
Op een portret valt als een streep karmijn.

Dra wordt de lucht in de bedompte hut
Duf door de eigen adem als men dut
En toch het verre slaan der glazen hoort,
De stille achtermiddagen aan boord.

Des nachts op wacht ziet men de sterren schijnen
En kan men soms met andre schepen seinen,
De blik wordt aangetrokken door een koord,
De lange achtermiddagen aan boord.

Een slingrend koord, men moet er niet aan denken
Het leven dat ons kwelt, een dag te schenken,
En toch gaan de gedachten met dat koord
Mee op en neer, de middagen aan boord.

De voorteekenen

Witte ijsvogels wiegen
Zich op zee en twijgen dichtbij.
Zij wijst ze en roept met helle
Bekoringsstem: „Zij voorspellen
Geluk!"
Maar ik zie verder: van het bergenjuk
Komt een donkere stip neersnellen,
Een zwarte vogel voegt zich er bij.

Mandalika

Hier is geen ander gehoor dan 't verre gebrul van de branding,
Het droge geritsel der hooge pandanen,
Geen andre beweging dan 't wuiven der blaren
En 't loome deinen der golven.
Als 't leven op aarde opnieuw moest beginnen,
Zou het niet zuiver blijven, alleen op dit eenzame eiland?

Paschen

Zuid-Atlantische Paasch,
Ver van klokluidende kerken.
De bemanning hoeft niet te werken,
Het zeil hangt stil aan de raas,
Zooals de wolken in 't zwerk, en
Van Zondag is niets te merken.

't Is tweehonderd jaar her
Dat Jacob Roggeveen,
Onze laatste zeevaarder,
Op vroegen Paaschochtend alleen
In den Stillen Oceaan
Een groep van drie bergspitsen peilde,
Daarna een grauw eiland omzeilde.

Hij zond zijn sloepen aan wal,
Zij vonden geen vruchten, geen vee,
Het water was troebel en brak,
Menschlijk leven ontbrak.
Wel stonden overal
Beelden, uitziend over zee,
Ruw, grootsch en ontevreê.

Doodshuizen en grafspelonken,
Donker verwilderd riet,
Afgoden in 't zand gezonken,
Meren vol troebel water,
Een aschgevulde krater –
Resten, en anders niet.

Wel zag men een vlucht gevlekte
Reeën, maar geen werd geschoten,
Wel werden door langgerekte
Echo's galmgaten ontsloten,
Men hoorde 't gekrijsch der gewekte
Dooden – toen vluchtten de booten.

Die het rijk Zuidland zocht
En een dood eiland vond,
Maar den gevaarvollen tocht
Door 't Onbekende bestond,
Keerde, ziek en gewond,
Werd in Oost-Indië een prooi
Van het Bewind welks octrooi
Hij door zijn wereldreis schond –
Keerde, in zijn geest gewond,
En werd in Holland gehoond.

Hij leefde verder in Veere,
Beschouwd als een godlooze dwaas,
Belasterd door predikanten,
Beloerd van achter het gaas
Van horren met kamerplanten.
Ieder jaar keerde het Paasch,
Maar 't eiland nimmermeer.

Het was een gevloekte plaats:
Begrijpt men wat er gebeurde
Met het geknakte leven
Van Jacob Roggeveen,
Als men weet dat hij betreurde
Er niet te zijn gebleven,
Daar, in die doodschheid, alleen?

Dit eiland

Voor de zachtmoedigen, verdrukten,
Tot geregelde arbeid onwilligen,
Voor de met moedwil mislukten
En de grootsch onverschilligen,

De reine roekeloozen,
Door het kalm leven verworpen,
Die boven steden en dorpen
De woestenijen verkozen,

Die zonder een zegekrans
Streden verloren slagen
En 't liefst met hun fiere lans
De wankelste tronen schragen;

Voor allen, omgekomen
Door hun dédain voor profijt,
Slechts beheerscht door hun droomen,
De spot der bezitters ten spijt,

Neem ik bezit van dit eiland,
Plant ik de zwarte vlag,
Neem iedere natie tot vijand,
Erken slechts 't azuur als gezag.

Wie nadert met goede bedoeling:
Handel, lust of bekeering,
Wordt geweerd aan 't rif door bezwering
Of in 't atol door onderspoeling.

Oovral op aarde heerscht orde,
Men late mijn eiland met rust;
't Blijft woest, zal niet anders worden
Zoolang ik kampeer op zijn kust.

Oerwoud 1

De bosschen drijven op donker water.
De dag zinkt door het hooggeblaarte,
Met bundels schemer in de gewelven.
Stammen staan dun en spierwit te delven
In onderlagen van zwam en rag.
Luchtwortels duiken in sponzig drab,
Totdat zij tasten: water, geen grond;
In knoestige klomp weer opgetrokken.
Tegen de boome' in hun knikken kronklen
Slangen, die slaap in dampen verslond.

II

Ook het diepst verdrongen kruid vangt licht,
Maar het luistrend oor geen lokgeluid.
Neen, die vogelroep geldt voor geweten
Van 't boosaardig broeiend, moordziek woud.

III

Een smalle lange prauw, alleen van boeg
En plecht geroeid, schuift stil en zwart voorbij.
Geen voet of hoofd steekt uit de middenkap,
Zoo lang als hoog, een derd' der boot beslaand;
Maar uit het kustdorp is weer een verdwenen. —

Stroomopwaarts wordt het offerfeest gehouden.
Drie nachten lang is 't tromgeroffel hoorbaar,
En 't ruikt van de vuren, drie dagreizen ver.

IV

Hier blijven zacht in 't donker,
In 't zachte donker –
Aan 't momplend dommlend water,
Aan 't water dommlen –
In verre veilige wildernis
Veilig verwildren –
Dat niemand ons meer opeischt;
Eisch niets van 't leven –
Alleen, om lange tijd
De tijd te korten.
Alleen, van 't land verloren,
Is nog van ver te hooren:
„Verdwenen en verloren
In 't oerwoud, en in 't oerwoud
Verloren voor het leven."
Wat leven! 't Levend leven
Was al vooruit verloren.
Aan ons is niets verloren.
Aan 't oerwoud en in 't oerwoud
Is 't leven niet verloren.
Verloren! Niets verloren!

V

Als er nog ergens iets geheim
Gehouden worden kan op aard,
Waar alles zich om strijd ontwijdt,
Dan moet het zijn in 't woud.

Als ook een mensch nog tot de zelf-
Bezinning komen kan
En weten: niets bestaat dan ik –
Dan moet het zijn in 't woud.

Waar 't water onder wortels welt,
Geen kolk meer kringt, geen stroom meer stuwt,
In stilste vezels, traagste sap
De wil geschiedt van 't woud.

De vagebond

Morgenwind wekt mij, blaadrend in den boom
Waaronder ik in droom lag met een vrouw
Zoo wulpsch als lieflijk, maar zelfs in dien droom,
Toch zeer kortstondig, bleef ik haar niet trouw.

De kim woei open. Ik was weer verheugd
En wiesch mijn warm gezicht in morgendauw.
Ik roofde een landmeisje haar melk en deugd
Met volle teugen, en had geen berouw.

Ik leef. Ik vrees alleen dat 't web van wegen
Dat zich al nauwer om de wereld spant,
Mij niet meer doorlaat naar het ver gelegen,
Steeds wenkend en steeds wijkend wonderland.

Outcast

't Breed grauw gelaat van de Afrikaansche kust,
Na eeuwen van een ondoorgrondlijk wee
Gekomen tot een onaantastbre rust,
Staart steil terneer op de gekwelde zee.

Ons blijft 't verneedrend smachten naar de ree.
Geen oceaan heeft onze drift gebluscht,
En niets op aard, ook zwerven niet, geeft rust,
En de eenige toevlucht de prostituée.

Bij haar die achter iedre haven wacht
— Altijd een andre en toch steeds dezelfde —
Wordt ons heimwee tijdlijk ter dood gebracht.

En ook de sterrenheemlen die zich welfden
Over ons trekken, andre iedren nacht,
Zijn eindlijk saamgeschrompeld tot één zelfden.

Fogo

Op dorre hellingen geblaakte daken
Onder palmen schraal op kartelkammen.
Aan de vloedlijn witte brandingsvlammen.

Op een landtong een wit, hoekig fort.
Overdag waait een roodgroene vlag,
Een dof schot valt als het avond wordt.

Op een ruwe omgekeerde schaal
Een bestaan uit de oceaan geheven,
Doodstil, dorgeschroeid en schraal.

Wat een leven!

Arcadia

Langzaam kleedt zij zich uit in het loover,
Rilt verrukt en verlangt een roover,
Denkt aan nimfen en faunen.

Nimfen die zich genotvol over-
Gaven aan faunen, naakt onder loover,
Begrijnsd door oude alraunen.

't Rimpelend water spiegelt haar week:
Met haar voetjes in de ondiepe beek
Voeren de golfjes guerilla.

Op een steen zit haar echtgenoot,
Ziet haar spelen, ergert zich dood
En zuigt op zijn manilla.

O Konakry!

O Konakry, wat was je heet;
Nog heeter dan de negerinnen,
Die gingen, glanzend van het zweet,
Heeter dan langgespeende zinnen,
O Konakry!

O Konakry, wat was je stil;
't Bleef ochtend in de breede lanen,
Als was je een groote duiventil,
Getimmerd onder de platanen.
O Konakry!

De zon kwam niet uit 't wolkgebied,
Een vochte schemer bleef er broeien,
Geen wind deed ritslen palm en riet
Of 't water van de vijvers vloeien.

En roerloos vlak lag de lagoen
Van zee door zwampen afgesloten,
Omringd door hard en somber groen,
Bewoond door een paar rotte booten.

De negers bleven werkeloos;
Zij zaten voor hun lage hutten
Of lagen in gevallen loof
Door den doelloozen dag te dutten.

Stierf alles dan de warmtedood?
Ik ging alleen door breede lanen;
Als rouwfloers door de eeuwen groot
Hing daar de schaduw der platanen.

O Konakry, zoo stil en heet,
Wij hadden niets elkaar te geven;
Wie zonder hoop geen uitkomst weet,
Die moet maar troostloos verder leven,
Niet, Konakry?

De zonnesteek

Hij maaide zich door de ombuigende landen,
En dacht dat het nooit een einde nam:
Dat hij tegen de zon als een slaande vlam
Staalblauw boven 't koren kon blijven branden.
Hij seinde haar dat hij won, dat hij kwam
En feller den bloei van 't seizoen aan zou randen,
Als man met de zeis verminken tot oogst,
De halmen met stompe sneden vermorzlen
En uit de aren de korrels dorschen
En het sap uit het kaf tot het zemeligst droogst.

Maar toen trok hem 't graf van de horizon
Met een draad die zich naar zijn oogen spon,
Glinsterend, prikkelend en stekend;
Hij ging maar sikkelend, houwend en brekend.
De halmen knakten.
De akkervlakten
Lagen tot aan den einder kaal...
Toen lag hij voorover gekruisigd, plat
In de stekende stoppels,
Als martlaar gekoppeld
Aan zijn zegepraal.

Toen kwamen de wagens –
De velden wentelden
Onder hen voort.
Toen kwamen de wagens –
Zijn handen tintelden,
De spieren trokken,
Hij greep een groote, gele
En slingerde ze de zon in 't gezicht.
Deze bloosde – een schicht
Spleet haar in tweeën:
Eén stuk viel naar beneden,
Het andere sprong in zijn zwellend hoofd.
Hij stierf, hij had de Grootste gekloofd
En strekte zich uit, moe van zijn macht.
Het was volbracht...
Hij nam zich voor met zonnestelsels te gaan keeglen
En 't heelal voortaan van zijn navel uit te reeglen.

Dame seule

Zij voelt zich onder 't donker van de boomen
Zoo eenzaam, dat zij zelf haar schouder liefkoost.
Haar handje, met de ronding ingenomen,
Die over 't zomerkleed is bloot gekomen,
Daalt af, dwaalt af; zij richt zich op en bloost,
Gaat dan weer voort een kleedingstuk te zoomen.

De vrouw aan het venster

Nooit opent zich de poort. 't Raam is zoo hoog
Dat zij eerst de aarde ziet in wijde verte:
De stroom omarmt het bosch in blauwen boog;
Door 't groen gaan roode vogels, ranke herten.

Niets weet zij van het levensspel daartusschen;
Maar het moet schoon zijn, want zij mist het zeer.
Zij wil omhelzen, vindt niets om te kussen
Dan de eigen schouder, rond en koel en teer.

De dienstmaagd

Niet uitgestooten en niet opgenomen,
Geen vreemdeling en toch niet een der hunnen,
En niets haar eigen, alles gunst of leen.
Zij zijn de meesters en zij kunnen
Altijd haar leven binnenkomen,
Dat zij, zoo altijd eenzaam, nooit alleen,
Niets houden kan voor zich en om zich heen.

Waar zou zij heen gaan? Midden op de vliering
Heeft men een kleine ruimte afgeschoten,
Haar kamer genoemd;
Verschoten doeken dienen voor versiering,
De wapperende deur kan niet gesloten
En het behang is grof gebloemd.

Zij heeft zoo naar een fijn gewaad verlangd,
Een hemdje van batist, dat 't eigne teedre
Afhouden kon van de gehate kleedren,
Waarin het klam, aanklevend hangt
Als geur: dat zij een deel zijn van haar loon.
Eerst als zij alle afwerpt, wordt zij zuiver
Zelf en bevrijd, maar dan drijft haar een huiver
In 't kille bed, dat haar als vreemde ontvangt.
Wat geeft haar dan het weten: ik ben schoon.
Vreugde niet meer, alleen een niet vergeten
Verloren rijkdom, lang geleên bezeten.

Er is geen avond, waar zij na haar dagen
Als bij vertrouwde liefde, bijna onbemerkt
Kan toeven, want haar arbeidsjaren vragen
Waarom zij leeft als zij niet werkt;
Als meesters die niet dan aan hen verschulde,
Door hun gunst toegestane vreugden dulden.

Haar zijn ligt open. In vele eenzaamheden
Had zij 't verstrooide leven nog bijeengewonnen...
Uit een verlatenheid die elk kan overtreden
Wordt dit teer weefsel niet gereedgesponnen,
En anders weten zíj wel met getoond verachten
En hoon voor haar doorwaaktheid te verkrachten
De nauwlijks opgerichte trots uit nauwe nachten
En de bevrijding die begon.

Pastorale

Ik weet het: een Zondag als deze
Gewekt in weemoed van wind door regen,
Weet zij naar geluk geen wegen,
En zit aan een raam te lezen
Den vroegen morgen.

Om tien uur luidt het kerktijd.
Ze slaat een doek om, zij gaat
Loom met geloken gelaat
Den korten weg die naar de kerk leidt:
Hun hof grenst aan het kerkhof.

Haar vader spreekt zijn Amen.
Zij loopt weer in den tuin
Langs de smalle zwarte paden
Te huiveren. Door de dunne gewaden
Schendt haar wind. Haar smalle voetjes waden
In het bloemenpuin.

's Middags geen uitweg dan een wandeling
Door de weiden. Zij moet ontmoeten
Zwermende boeren, die haar groeten,
In geheiligde handeling:
De dochter van hun herder.

's Avonds zit zij stil met haar ouders,
Haar moeder moe, haar vader dor.
Zij mijmert over ouder worden
En trekt òp de schouders.
Even trillen haar borsten.

Later, in het holle slaapvertrek,
Maakt zij 't haar los voor een donkre spiegelbres
En brengt haar lichaam over
Van het dag- in het nachtgewaad.
Even staat zij naakt,
En gelooft ergens een vage kramp
Te voelen; het gaat over.
Zij dooft de lage lamp.

Eros

Eros drijft ons, vreemden, schuchtren,
Onweerstaanbaar tot elkaar,
Eerst vijandig want wij duchten
Steeds zijn naadring als gevaar.
Eros dreigt ons.

Zijn nog eens weerspannig waar
Hij ons raakt, en willen vluchten...
Reeds zengt ons zijn heete zucht en
Voor we 't weten zijn we een paar.
Eros vormt ons.

Wonden onder 't werk elkaar.
De adem welft een brug van zuchten,
Maar daaronder ebt 't genucht en
Plots ontzinken wij elkaar.
Eros slaakt ons.

Hij gebood ons tot zijn tucht en
Van zijn droombeeld gaan wij zwaar,
Smeeken nu niet meer te ontvluchten
Eros.

Fuego

Zij ging alleen, rhythmisch en roofdierachtig,
Met lange passen nauwlijks rakend de aarde.
Klein leek de dansvloer en zij oppermachtig:
Een tijgerkat gevangen in een gaarde.

En aan haar borsten was mijn lot verbonden,
Als dat van andre schepsle' aan dubbelsterren;
Ik zag hoe zij zich spitsten en ontstonden
Uit 't zalig lijf, wild geurende van verre.

Daaronder was zij breed en werd zij slank
Wanneer zij het hartstochtlijkst werd bewogen,
En het was soms of roode stormen vlogen
Over haar lichaam en toch bleef zij blank.

Zij danste op 't koord van de gespannen zinnen,
Zij stond als de avondzon voor onze oogen,
Waar wij ook zagen, goden en godinnen
In haar belichaamd door het ruim bewogen.

Chiara

Chiara, Eros tast ons aan in
't Diepst gemoed, doet ons ontbranden
En verandert ons verstand in
Reine waanzin.

Vraag geen vrede aan mijn armen
Die je lichaam woest omstrenglen,
Want Zijn drift kent geen erbarmen,
Wil ons martlen en verzengen.
Levend vuur zijn liefdekussen,
Het zou vruchtloos pogen wezen
Deze uitslaande brand te blusschen,
Dezen minnaar te genezen
Van zijn waanzin.

Chiara, dit is mijn begrip:
Liefde wellust af te dwingen;
Zooals de oceaan het schip
Wil mijn drift je lijf omringen,
Moet in mij voor geur van haar en
Huid vergaan elk ander aanzijn,
Wil ik al mijn zinnen paren
Tot dien waanzin.

Mijn begeert', te fel, gedoogt niet
Dat mijn dorsten ooit zich lenigt,
Zelfs al waren als in 't Hooglied,
Daar waar zij zich telkens pijnigt,
Alle lusten saam vereenigd.
Zoo verrukklijk is je lichaam
Dat ik het nooit stil kan aanzien,
Iedre droom verzengt zich aan
Dezen waanzin.

Fado's

Liefdewoorden

Slechts zij die de wereld verzaakten
Weten de woorden te vinden
Die 't licht niet kunnen verdragen,
Maar blindelings 't innerlijk raken.

Wee hen! Zij staan in het leven
Als blinden in breede straten,
Maar beklagen nog hen die nooit minden,
Die zijn ziende maar zonder genade.

Maneschijn

Het maanlicht strijkt over de bergen
En dringt door ramen en deuren,
Het weet met vermaan aan de verten
De doode uren te kleuren.

(Vertaald, anoniem)

•

O, was zij nooit aangeraakt
Door het licht, door geen lust ooit beheerscht;
Ach, stond zij verwonderd naakt,
Ook voor zichzelve, voor 't eerst.

•

Morgen rijd ik met bedwelmende bloemen naar je toe.
Ik wil niet langer wachten, eindelijk weten hoe
Je bent; de bloemen zullen je verraden.
Als je liefdeloos bent, zullen ze kwijnen en treuren;
Als je kwijnt van verlangen, heviger geuren;
Als je brandt van verlangen, hun knoppen scheuren
En jij in een groot gebaar al je gewaden.

•

Kon ik eenmaal toch jouw dans weergeven
In een van het woord bevrijd gedicht,
Eenmaal even vrij en lenig zweven
Als jij in de lucht en in het licht

Met je lichaam doet, dat toch niet even
Los van de aarde is als wat ik dicht,
Zich met moeite van de grond opricht,
Zwaarder dan mijn geest, en toch kan zweven.

Jij kunt met een wending, een gebaar
Woede, weemoed en geluk weergeven,
Waar ik honderd woorden over doe.

Denken is het lichtst, toch wordt het zwaar,
En de dans kan 't lieve lichaam geven
Ziel en zaligheid, en nimmermoe.

Woorden in den nacht

Voel je hoe ik naar je toe kom?
Je bent naakt in den nacht.

Wacht, ik doe eerst een doek om.
Nog niet, nog niet.

Liefkoos mij, zacht.
Zeg dat je mij mooi vindt
En alleen door te streelen
In 't donker, mij ziet.

Zullen wij spelen,
Dat wie 't eerste lacht,
Moet ondergaan
Wat de ander bedacht?

O, laat het doorgaan,
Totdat wij doodgaan.
Alles wat hierna komt
Is niets dan Dood, vermomd
In schijn van Leven.

Neem mij weer, wacht nog even.

De ochtendzon

De flamboyants ontluiken groen en rood;
Onder hun lommer zal de markt beginnen.
Wijdbeens gaand, balanceeren negerinnen
De vruchten op haar hoofd en van haar schoot.

In het goedkoop hotel van Boabdil
Blijven de blinden dicht, de gangen stil;
Alleen een boy gluurt door gescheurde deuren,
Maar ziet – het is te vroeg – nog niets gebeuren.

Eindlijk, aan 't hoogste raam rekt zich, nog loom en
Voor veertien jaar en een creoolsche, groot,
Dolores, in 't halfdonker, schouderbloot,
En doet haar haren in den ochtend stroomen.

Bruiloftslied

Mijn gade, het is goed, wij zullen toeven
In een klein stadshuis, ik zal niet vertrekken,
Al bleven mij veel eilanden te ontdekken
Die zich om mijn afwezigheid bedroeven.

Niet dicht bij zee, om mijnentwil,
't Werd mij ondraaglijk aan den rand
Der ruimt' te rusten, bij de golven stil:
Bewaar mij diep in 't binnenland.

'n Gewezen vestingstad is goed.
De avondwandling doen wij om de wallen,
Zien saam zonsondergangen tegemoet
En kudden keeren naar de stallen.

Maar soms speur ik in Westenwinden
De zeeën waarover zij woeien.
Wij gaan naar huis, sluiten de blinden,
Bij 't lamplicht tracht je mij te boeien,

Te doen vergeten 't varend schip in 't duister
Waarop ik iedren nacht kon hooren alle
Golven van alle verten samenvallen
Om mijn onrustig hart gerust te ruischen.

Nooit sliep ik beter, dieper dan aan boord.
't Schip is de lompe wieg die mijn geslacht,
Tot in Groenland, Spitsbergen, Labrador,
Ver van het vaderland heeft voortgebracht.

Maar het is goed, ik zal met jou, lief, wonen
En zwaar gaan van de zorg om jouw bestaan,
En niet tot de eilanden, als zooveel schoone
Slaapsters, mij wachtend diep in de oceaan.

Dan bloeit je vreegelaat in 't schemerlicht.
Ik zit bij 't uitzichtlooze raam te staren
En denk voorbij de veege straatlantaren,
Hoe 't ijzingwekkend schoone Noorderlicht

Gletschers beschijnt, die eeuwenoude kusten
Tot diep in 't binnenland doen splijten onder
Een ongehoord en nachtenlang gedonder...
Jij komt en kust mij en wil met mij rusten,

Je late' omhelzen in den veilgen nacht,
In 't stille huis dat je zelf hebt gekozen
Voor 't samenleven en gestaag liefkoozen.
Ach, waarom dit en niet de overmacht

Van 't lot, dat zwervend zijn gebied vergroot,
Zeilend op bron- en mondinglooze stroomen,
Waar 't leven oplost tot een ruimschootsch droomen,
En als vanzelve voortvloeit naar den dood?

Maar het is goed, in liefdes naam
Heb je gekozen en hebt mij vertrouwd.
Boven groot zelfverlies, klein zelfbehoud,
Blijven wij saam!

Liefdesbrieven

Een liefdesbrief is beter dan het lief
Zelf: als men eens de brieven heeft gekregen
Dan heeft men ze voorgoed, terwijl tien tegen
Eén 't lief verdwijnt om geldgebrek of grief.

Een brief kan men daags, nachts, elk oogenblik
Dat men ze bij zich heeft, te voorschijn halen,
De teederheid er uit op laten stralen,
De woordjes lezen, denkend: zoo ben ìk!

Een vrouw is wisselvallig, een brief niet.
Wel lacht men wijs of weent men bitter, later
Als men voorbije dwaze woorden ziet.

Maar als het kon wou 'k door woestijn en water
Wel eeuwig naar oase' en havens tijgen,
Als 't zeker was in elk een brief te krijgen.

De bezoeker

Ik zie een huis, hoog als een zwaluwnest
Tegen de helling van de laatste rotsen;
De schaduw valt naar 't land, rood gloeit het West,
Terwijl de golven al in 't donker klotsen.

De man is bruin, de vrouw schijnt schoon en blank,
De landwind wordt al scherp, is soms nog streelend;
De man leest strak, de vrouw trekt van een rank
Wat blaadren af en peinst, er stil mee spelend.

Een man komt, zware netten op zijn nek,
Van zee. Zijn schaduw aan hun voeten
Doet hen opzien; hij staat aan 't hek
En weet niet, zal hij verder gaan of groeten.

Maar even later zit hij naast de vrouw
Als derde, die er altijd is geweest,
Trekt tot zich al haar diepbewaarde trouw,
En de ander zit en bukt, en duldt, en leest.

Billet doux

Ik wilde een gedicht op een waaier schrijven,
Zoodat je de woorden je kunt toewuiven
En de strophen, wanneer je wilt blijven
Mijmren, weer achtloos dicht kunt schuiven.

Maar liever wilde ik dat ze binnen
In je gewaad geschreven stonden,
Zoodat tegelijk met batist of linnen
Mijn gedachten je streelen konden.

Ik zou deze dwaze wensch niet uiten,
Als mij een krankzinnige was vervuld:
Je eenmaal zelf in mijn armen te sluiten...
Maar ik heb engelengeduld.

Japansche danseres

Zij was zoo tenger dat het wijd gewaad
Haar eerder hulpeloos dan grooter maakte,
Zoo kinderlijk alsof het smal gelaat
Onder de zware wrong zoopas ontwaakte.

Maar toen de fluiten gilden, trommen trilden
En gong bonsde, wierp zij zich in den strijd;
't Was of zij even aarzelde, even rilde,
En toen – een ruk, een zwaai, zij was bevrijd.

Als een samurai met een smalle degen
Snel schermend honderd vijanden weerstaat,
Hield zij een heir van booze geesten tegen,
Was Foedsji-puur haar dans, machtloos het kwaad.

Maar toen woest-plotsling de muziek verstomde,
Alleen de fluiten nog geklaag aanhielden,
En zich de nacht over de tempel kromde,
De luide bijval loutre stilt' vernielde,

Werd zij weer needrig, tenger, slank en vloog
Nog eenmaal op en stond dan, bijna brekend,
Alleen de armen hield zij nog omhoog,
En boog het hoofd, als om vergeving smeekend.

Hathor

Als dauw haar schoot ontzijgt
Worden de velden zwanger,
Als ze haar voorhoofd neigt
De schaduwen langer.

Haar zoon de zon draagt zij
Hoog tusschen de hoornen,
Als moeders eerstgeboornen,
Hinden hun gewei.

Zij houdt zich, bovenmate
Groot, over de aard gebogen,
Meedoogenloos 't gelaat en
Afwezig de oogen.

Corridas

In de eng-ronde arena rent de stier,
Eertijds als Apis door Pharao aanbeden,
Het doel der hymnen en de God der steden
In 't dal der Nijl, van Memphis tot Ophir.

Is dit voorbij? Neen, nooit voorbij, maar hier
Op deze kleine ster, bevolkt door wreeden,
Ziet hij niet meer het hemelsblauwe en breede
Door roode doeken om 't verhuld rapier.

Zoo vaak ontglipten ze aan zijn machtige horens.
Hij voelt zich eindlijk iets verwards, verlorens,
Vernederd en doorpriemd van kleine pijn,

Een stip in een onmeetlijke woestijn;

Ziet eindelijk het glinstrend lemmet bloot
Als een oase, en rent in den dood.

Provinciale

De regen laat niet af
Zich op 't stadje uit te storten,
Als een Lied ohne Worte,
Uit den treuren gespeeld.

Een vrouw, nog ver van 't graf,
Vindt den Zondag ondraaglijk,
Maakt 't zich lijflijk behaaglijk,
Vroeg in bed: haar bezit — onverdeeld.

En lang als 't regenruischen
— Slepende begeleiding —
Houdt de klacht van de kuische
Aan, om ontwijding
Waar de ziel niet in deelt.

Zij overweegt: „Zoek ik smaadlijk
In omhelzing bevrijding?
Of behoud ik mij, maagdlijk
Ongerept, ongestreeld?"

Complainte

Ik leefde ook liever monogaam,
Maar ben veroordeeld als nomade,
Tot geen gestagen echt bekwaam,
Steeds af te wijken van de paden

Door elk van wieg tot graf bewandeld,
Strak afgewend van 't boos instinct:
Hun ziel voor welvaart vlot verhandeld,
Hun drift verdrongen en verminkt.

't Geluk, dit smadelijk verdrag
Toch te vergeten bij een gade:
Een zacht licht in een triesten dag,
Des nachts een donkere genade,

Wordt duur gekocht; die lieve lust
Groeit in een stadje vast en vaster,
Moet luisteren naar regel, rust,
Van klokgelui tot laf gelaster.

Ik zal wel heengaan op een nacht
Met stille trom: een desperado
Die smachtend zoekt als Eldorado
Een land nog niet in kaart gebracht.

Om eindlijk, door elk visioen
Verraden, mij te laten werven
Voor 't vreemdelingenlegioen,
Zoo eervol anoniem te sterven.

De chimaeren (Notre-Dame)

Zij leegren onder de luifels,
Om de diepliggende ramen,
Gebannen sinds eeuwen een duivelsch
Verdelgingsplan te beramen.

Steeds stom, slechts in stormnachten krassen
Zij mee in de gierende koren
En snijden macabre grimassen
Die verdoemden bekoren.

Door de verlichte ramen
Scheemren heiligenbeelden
En heel de gewijde weelde
Van de oude Notre-Dame.

Door de gewelven dreunen
Zware, orglende koren,
Die zich slepend bekreunen
Om een God die niet hooren

Wil, om een maagd die in staat van
Onbevlekte ontvangnis
Smacht naar een woesten Satan
In een wulpsch De Profundis.

Onder de machtige stormen
Verliest het schip zijn zwaarte,
Drukkende orkanen worden
Te hevig voor 't gevaarte.

Verlokte bliksemflitsen
Omspelen de steenen spoken,
Verlichten even hun spitse
Gezichten, grillig gebroken.

En de rots der eeuwen wordt
Eens brandend opgelicht
En als steen des aanstoots gestort
In den dag van het laatst gericht.

Columbus

Als een drieëenheid dreef zijn kleine vloot
Over het wijde, nooit bevaren water
Naar 't land dat hij verwachtte, aldoor later,
Maar vast, als aan 't eind van 't bestaan de dood.

Hij wist, zonder berichten en bewijzen,
Het nieuwe werelddeel te liggen aan
Een verre kim, en anders zou 't verrijzen
Tijdens zijn naadring, diep uit de oceaan.

Met door geen wrevel aangetast geduld
Werd iedren dag de afstand uitgerekend,
Op de nog leege kaarten aangeteekend,
En geen verwachting door de ruimt' vervuld.

Een enkel maal stond zijn gelaat verstoord,
Wanneer de kleine *Pinta* achterbleef
En hij des avonds in zijn dagboek schreef:
,,Wind vast, 't volk ontevreê, van land geen spoor."

Wanneer hij eenzaam zat in de kampanje
Kwamen soms oproerkreten doorgedrongen;
Hij vreesde dood noch leegte, alleen gedwongen
Terug te keeren naar 't gehate Spanje.

Toen eindlijk – op een ijle grijze lijn –
Vreemd slank geboomte als met pluimen wuifde,
En 't volk na lang bedwongen doodsangst juichte,
Stond hij gebukt door diep verborgen pijn.

't Wondend besef van wat hem had gedreven:
Niet het begeeren van schatrijke ontdekking,
't Verlangen voort te zeilen steeds; zijn leven
Wist hij nu doelloos, eindeloos van strekking.

Hij droeg een voorgevoel van ballingschap:
Na ongenade een lange kerkerstraf,
Bevlekte glorie en gebroken staf,
't Oud hoofd gebannen in een monnikskap;

Reeds vastbesloten, in dien eersten stond,
Op een klein schip met weinigen te vluchten;
Reddend in 't eeuwig wijken van de luchten
Een waan van ruim: *de wereld is niet rond.*

•

't Zwerk ligt terneergeslagen.
Ik laat geen licht, geen ster meer dagen.
Wel kon ik, met een vleugelreppen,
Werelden uit den chaos scheppen.
Laat' ik het nacht,
Maar wars van iedre wereldorde.
Ik haat de horde
Die, 't slijk ontkropen, zich verheft
Op stof, geen goden meer beseft.
Ik haat de horde,
Ik laat het nacht.

Nieuwjaarsboutade

Wie in dezen tijd nog gedichten schrijft
En zich richten wil tot een volk dat kijft,
Tot een volk dat niets dan welvaart wil
En bewilliging van iedre modegril,
Hij is meer dan rijp voor het gekkenhuis
En de gekken vinden hem ook niet pluis,
En dus moet hij naar een ballingsoord,
Waar papier en pennen zijn behekst,
Waar de kale muur siert de bijbeltekst:
(Slechts) In den beginne was het Woord.

Sjin Nam Po

Op een landtong staat de witte tank der Standard Oil,
Een dikke zwarte pier draagt zijn vuurtoren als een neushoorn,
Daartusschen de haven, waar jonken meren en sampans kruisen,
De *Yaniga Maru* van slechts 900 ton lost aan de leege kade,
Vannacht vertrekt hij naar Chefu, een missionaris en zijn zoon
  als passagier.

Een vrouw

Het geduldig hoofd vol zware vlechten
Torst een zware mand in wankel evenwicht,
De heupen een groot kind: de beentjes steken ver naar voren.
De borsten hangen laag en slingren onder 't gaan,
Om de enkels is een vuile witte broek gesnoerd,
Het overkleed is stijf en smetteloos gestreken.

Aan Po Tsju I

Soms zegt men, ik kom u nabij.
Maar gij die 't met den hemel hield,
Die door uw verzen gloeide als 't rood –
Ik hecht aan de aard, wie zorgt voor mij?
Wat ik schiep werd alweer vernield.
Ik ben alleen in rampen groot.

Het leven vliegt zoo snel voorbij;
Uw graf raakt ook al overgroeid
Aan de ingang van het doodenrijk.
Wat tijd is er nog mee gemoeid,
Maar weldra word ik u gelijk
In stilt'. – Verwacht gij mij?

•

Houd je gedachten af van gedane dingen,
Denken aan 't verleden geeft verdriet en leed.
Houd je gedachten af van komend gebeuren,
Denken aan de toekomst geeft onrust en zorg.
Zit overdag als een zak in je stoel.
Lig des nachts als een steen in je bed.
Open je mond om voedsel te nemen.
Als je slaaprig wordt, doe dan je oogen dicht.

(Po Tsju I)

Mijn kind Goudklokje

Bijna veertig, kreeg ik een dochter;
Een naam bedacht ik voor haar: Goudklokje.
't Is nu een jaar geleden dat zij kwam,
Zitten kan zij al, maar nog niet praten.

Ik schaam mij voor mijn hart waarin
Zelfzucht en traagheid samenhokken,
Daardoor hang ik nog aan de werkelijkheid,
Nu ik het geluk heb van deze kleine.

Als 't leed dat zij jong sterft mij wordt bespaard,
Dan heb ik weer de moeite haar te doen huwen;
Mijn plan om achter de heuvlen te gaan leven,
Dient weer voor tien of twaalf jaar uitgesteld.

(Po Tsju I)

Na Goudklokjes dood

Arm en zieklijk, maar half in het leven geslaagd,
Met een lief, onschuldig kind van drie,
Geen jongen, maar 't was toch beter dan niets,
Wat teederheid, van tijd tot tijd een kus.

De dag kwam zij werd van mij weggenomen;
Haar geestje zweeft nu ik weet niet waar.
Als ik gedenk hoe vlak voor haar dood
Zij vreemde geluiden kraaide en woorden zocht,
Dan weet ik dat de banden van vleesch en bloed
Ons een steen van smart om den hals binden.
Maar ik dacht mij terug in den tijd die ligt
Voor haar geboorte en smoorde zoo het leed.

Mijn hart vergat haar, de dagen gingen voorbij,
Driemaal werd het winter, driemaal lente,
Dezen morgen sprong de wond weer open
Toen ik op straat haar min tegenkwam.

(Po Tsju I)

Op zijn kalen kop

Bij 't opstaan zuchtte ik dat mijn haar grijs werd,
En dat het uitviel bij het slapen gaan.
Mijn laatste lokken koesterde ik als kostbaarheden,
Nu zijn ze weg en ik ben opgelucht.

Ik hoef nu nimmermeer mijn haar te wasschen,
Ik leg mijn kam weg, een verouderd wapen,
En, zucht elkeen bij zwoel en drukkend weer,
Dan is mijn kale kop zoo heerlijk koel.

Geen zware haarknot drukt mijn achterhoofd,
Ik heb koud water in een zilveren kan
En laat het voluit op mijn hoofdhuid plassen;
Zooals een nieuw door Boeddha's wet gedoopte
Herleef ik door dit water op mijn schedel.

En weet waarom de priester, rustbehoevend,
Zijn hart bevrijdt door eerst zijn hoofd te scheren.

(Po Tsju I)

Dronken in de lente

Dronken zat ik onder den amandelboom.
Blaren vielen in de plooien van mijn kleed.
Ik merkte het niet,
Totdat ik opstond en mijn kleed straksloeg,
Toen vielen de blaren rondom,
Zoodat ik mij afvroeg:
„Heb ik gebloeid zonder het zelf te weten?
Kon ik genieten en heb het niet gedaan?
Vervloekte wijnroes!"
Maar toen ik mijn loome oogen opsloeg,
Zag ik den boom zijn blaren verliezen,
In mijn kruik wat wijn nog.
„Jij, oude, verliest je bloei als de herfst komt
En moet tot het volgende voorjaar wachten,
En ik hoef alleen mijn kruik weer te vullen
En ben weer zalig."

(Anoniem)

Vroege sneeuw

Ik hoor je soms heesch fluisteren.
Om 't bed staat de stilte, de nacht.
De bamboeboschjes kraken zacht,
Buiten in het verdere duister,
Want het gaat sneeuwen in den nacht;
Morgen is de wereld wit,
Wordt het winter.
Onze liefde... waarom huiver je?

(Anoniem)

De doode beminde

Ik hoor niets meer van haar, en vroeger
Was 't ruischen van haar gewaad al vreugde;
Leeg en stil staat haar zaal,
Stof hoopt zich op, ongestoord,
Blaren ritselen verlangend langs 't raam –
Hoe kan ik haar dan missen?

Daar op dat gordijn,
Gleed haar schim er niet langs?
Ruischte haar rok niet?
Kom, kom toch terug!

(Woe Ti)

•

'k Verkeer in weelde tusschen de bloemen met wijn,
Maar ook in armoe: drinkend zonder vriend.
De opkomende maan, mij zoo verlaten ziend,
Wekt mijn schaduw, zoodat we met zijn drieën zijn.

(Li Tai Po)

De jonken

Geheimgehouden in de donkre heuvlen,
Even verraden door het morgenrood,
Weer opgenomen in den schoot der neevlen,
Ontzweeft de baai een stille jonkenvloot.

Voor 't licht uiteengeweken aan de kimmen
Ter vischvangst, hier onzichtbaar, eeuwen ver.
Eerst 't duister brengt den keer van wind en schimmen
Tusschen de rotsen, onder de eerste ster.

Traagzeilende en ver naar voor gebogen
In ouderdom die iedren storm verdroeg,
Door de verlatenheid, het diep voor de oogen,
Opengespalkt ter weerszij van de boeg.

La voyageuse

In Singapoer is zij aan boord gekomen
Vlak voor 't vertrek, met dertig stuks bagage;
De eerste nacht doorspookte ze al de droomen
Van een matroos, gemonsterd onder gage.

Hij stond des morgens 't wandeldek te wasschen
Nog half versuft, toen zij hem kwam verrassen
En raaklings langs hem in pyama ging
Die strak en soepel om haar heupen sloot,
Of in een ochtendkleed dat open hing
Haar opperst schoon mild aan zijn blikken bood.

Een steelsche glimlach heeft hem dol gemaakt.
Hij staat in 't donker op de hondenwacht
En ziet haar voor zich, wit en naakt,
Verlokkend in de nacht.

Ze is in Calcutta weer van boord gegaan.
Hij moest als wachtsman bij de gangway staan.
Over haar schouder wapperde haar sjaal
In de rukwinden als een smalle vlag.
't Was 't allerlaatste wat hij van haar zag,
Al heeft hij dag en nacht en nog een nacht gedwaald
Door de concessies waar zij wonen mag.

Hij wierp zijn waardloos boeltje op de steenen,
Hij had het leven zijn gelag betaald,
Is in de Chinese Town spoorloos verdwenen
En eindlijk uit de Ganges opgehaald.

Saudade

Ik heb zooveel herinneringen,
Als blaadren ritslen aan de boomen,
Als rieten ruischen bij de stroomen,
Als vogels het azuur inzingen,
Als lied, geruisch en ritselingen:
Zooveel en vormloozer dan droomen.

Nog meer: uit alle hemelkringen
Als golven uit de zee aanstroomen
En over breede stranden komen,
Maar nooit een korrel zand verdringen.

Ze fluistren alle door elkander
Wild en verteederd, hard en innig;
Ik word van weelde nog waanzinnig,
Vergeet mijzelf en word een ander.

De droeve worden altijd droever,
Nu ik het onherroeplijk weet,
Steeds weer te stranden aan den oever
Der zee van 't altijddurend leed.

Ook de gelukkige worden droever,
Want zij zijn voorgoed voorbij:
Kussen, weelden, woorden van vroeger
Zijn als een doode vrucht in mij.

Ik heb alleen herinneringen,
Mijn leven is al lang voorbij.
Hoe kan een doode dan nog zingen?
Geen enkel lied leeft meer in mij.

Aan de kusten van de oceanen,
In het oerdonker van de bosschen,
Hoor ik 't groot ruischen nog steeds ontstaan en
Zich nooit meer tot een stem verlossen.

In Nederland...

In Nederland wil ik niet leven,
Men moet er steeds zijn lusten reven,
Ter wille van de goede buren,
Die gretig door elk gaatje gluren.
'k Ga liever leven in de steppen,
Waar men geen last heeft van zijn naasten:
Om 't krijschen van mijn lust zal zich geen reiger reppen,
Geen vos zijn tred verhaasten.

In Nederland wil ik niet sterven,
En in de natte grond bederven
Waarop men nimmer heeft geleefd.
Dan blijf ik liever hunkrend zwerven
En kom terecht bij de nomaden.
Mijn landgenoten smaden mij: „Hij is mislukt."
Ja, dat ik hen niet meer kon schaden,
Heeft mij in vrijheid nog te vaak bedrukt.

In Nederland wil ik niet leven,
Men moet er altijd naar iets streven,
Om 't welzijn van zijn medemenschen denken.
In het geniep slechts mag men krenken,
Maar niet een facie ranslen dat het knalt,
Alleen omdat die trek mij niet bevalt.
Iemand mishandlen zonder reden
Getuigt van tuchtelooze zeden.

Ik wil niet in die smalle huizen wonen,
Die Leelijkheid in steden en in dorpen
Bij duizendtallen heeft geworpen...
Daar loopen allen met een stijve boord
– Uit stijlgevoel niet, om te toonen
Dat men wel weet hoe het behoort –
Des Zondags om elkaar te groeten
De straten door in zwarte stoeten.

In Nederland wil ik niet blijven,
Ik zou dichtgroeien en verstijven.
Het gaat mij daar te kalm, te deftig,
Men spreekt er langzaam, wordt nooit heftig,
En danst nooit op het slappe koord.
Wel worden weerloozen gekweld,
Nooit wordt zoo'n plompe boerenkop gesneld,
En nooit, neen nooit gebeurt een mooie passiemoord.

Woninglooze

Alleen in mijn gedichten kan ik wonen,
Nooit vond ik ergens anders onderdak;
Voor de eigen haard gevoelde ik nooit een zwak,
Een tent werd door den stormwind meegenomen.

Alleen in mijn gedichten kan ik wonen.
Zoolang ik weet dat ik in wildernis,
In steppen, stad en woud dat onderkomen
Kan vinden, deert mij geen bekommernis.

Het zal lang duren, maar de tijd zal komen
Dat vóór den nacht mij de oude kracht ontbreekt
En tevergeefs om zachte woorden smeekt,
Waarmee 'k weleer kon bouwen, en de aarde
Mij bergen moet en ik mij neerbuig naar de
Plek waar mijn graf in 't donker openbreekt.

Tot mijn erfgenaam

Volgt niet den leergang van de philosofen,
Dit leidt tot ledigheid. En godsdienststichters
Zijn loochenaars. Geniet van schoone strophen,
Maar schuw het leeg gezelschap van hun dichters.

Waarlijk, al deze lieden zijn gelijk:
Zij kunnen over werelden bevelen,
Bezitten paradijzen en kasteelen,
Maar niet op aarde. Stierf één hunner rijk?

Niet dat 'k hun invloed vrees: gij zijt mijn zoon.
Toch konden ze u begoochelen; zij schermen
Met woorden, zij bewijzen: vogelzwermen
Zijn schooner dan een landgoed of een kroon.

Denk niet Gods liefste engel is een vrouw:
Was zij Zijn liefste, Hij zou haar niet zenden.
Zweer haar in dronken nacht geen eeuwge trouw,
Gij zoudt uw eed den andren morgen schenden.

Houd haar niet langer dan zij u behaagt;
Dus tot geen bond geboeid, geen sleur besloten.
Grijp het geluk, en wordt gij weggevaagd,
Dan zij uw laatste zucht: ,,Genoeg genoten."

De argeloozen

Aan alles onttrekken wij ons, niet aan 't verwijt
Dat we ontrouwen zijn en eervergeetnen;
Maar kunnen wij ons vrijwillig keetnen
Waar zooveel verten wachten, zoo wijd?

De nijveraars heeten ons dwazen, verblinden,
En voorspellen: het zal ons berouwen
Dat wij op zeeën en bosschen en winden
Als vrienden en eeuwige vreugden vertrouwen.

't Is waar dat wij roekloos de krachten verspillen
Waaruit zij een veilig leven maken;
Zij noemen ons droomers, maar wij waken
Over andere belangen en willen

Ons niets dat wereldsch is laten verbergen
Zoover als de zeeën de landen kussen,
De gedaanteverwissling van planten, bergen
En de glanzen en geuren daartusschen

Mede te leven, gespannen te trillen,
Geen lichtflits, geen golfslag ons laten ontgaan,
Zoo van ons trage gestaltnis ontdaan
Dat we eindlijk in niets meer van hen verschillen.

De andren gelooven zich het leven te wijden,
Maar scheiden zich er, al wroetend, van af;
Zij denken zich lusthoven te bereiden,
Maar delven zich dagelijks dieper een graf.

Doch 't einde is hen licht: voor wanhoop gevoelloos
Maakt hen het gezin, in welks schoot zij sterven;
Ons wacht geen genademiddel: doelloos
Vergaan wij als wij niet meer kunnen zwerven

En kunnen nimmer vinden die even
Vaderlandsloos zijn om saam mee te wachten;
Wij komen misschien waar zij kort verbleven
Of gaan voorbij waar ze onzichtbaar smachten.

En dan wordt een stad ons toekomstig sterfoord,
In de woestijnen was het niet eenzamer,
Wij kunnen niet heen, denken daaglijks aan zelfmoord,
Maar veroudren in onverschillige kamer.

Vaak dwalen wij langs het aanlokkelijk water,
Waakzaam in een vaag ochtenduur,
Of hunkren met een kleumenden kater
Slapeloos bij een uitgaand vuur.

De dag verschrikt ons, van een terras
Slaan wij 't voorbijgaan wezenloos gade,
Als waren wij van een verloren ras,
Wij blaadren in boeken aan de kaden.

Soms schenkt in 't laatste van den avond
Het toeval ons nog een vage vrouw,
Wij nemen het met geluk niet zoo nauw,
Voor liefdestormen te zeer gehavend.

Van al het schoon, weleer zwervend verworven,
Kunnen wij niets aan 't hart zoo vast drukken
Dat de dood het ons niet kan ontrukken;
Lang voor zijn komst zijn wij steenarm gestorven.

De burgers

Zij wonen in hun dorpen en hun steden.
Zij doen voor bed, na tafel hun gebeden.
Zij denken dat zij leven daar zij aten,
Elkaar plichtmatig tweemaal 's weeks bezaten.

Des avonds om de ronde tafel praten
Ze over de oogst op de akkers en de afwezigen,
Gaan 's Zondags groetend door de strakke straten,
Zijn Maandags weer in hun bedrijven bezig.

Broeiende drift, door God, voorzichtig kweeker,
Met kracht geknot en in de kiem bedorven,
Maakt hun gebaar en houding laf, onzeker;
Het „vreest den Heer" staat in 't gelaat gekorven.

Soms is 't een zomernacht een man te machtig,
Hij prangt zijn dienstmaagd in stikdonkre schuur,
En is zijn leven lang om dit eene uur
Een angstig beest, zijn zonde staag indachtig.

Komen zijn medemenschen het te weten,
Dat hij wat zij niet durfden heeft gedaan,
Het wordt hem niet in 't openbaar verweten,
In stilte knagen zij aan zijn bestaan.

Hij wordt niet meer gebrandmerkt of gesteenigd,
Geklemd in 't blok, genageld aan den paal:
De laffen tegen 't zwarte schaap vereenigd
Houden hem steeds in angst voor het schandaal.

Hij wordt door de gemeente uitgestooten
En gaat gebukt onder den dubblen last
Dat hij eens nam en verder heeft gevast
En toch hun kring steeds voor hem blijft gesloten.

Soms trekt een fiere zwerver norsch en nukkig
Door 't levenloos gebied, zijn tred verhaast;
Verdwaald voelt hij zich waar 't valsch, ongelukkig
Leven zijn lot van twee straatkanten naast.

Zij zien hem door hun blauwbehorde ramen
Meewarig trekken: die hoort nergens thuis.
Hij slentert door de straat en leest hun namen
En denkt: zij zitten levenslang in huis.

En ongemerkt komt hij langs 't volle kerkhof,
Daar liggen ze ook geordend op een rij
En even roerloos onder zode en zerk of
Zij lagen onder peul en beddesprei.

En eindlijk als hij weer door 't veld kan gaan,
Begroeten broederlijk hem de avondwinden;
Terwijl hij reist bij 't wassen van de maan,
Sluit men daarginds de deuren en de blinden.

Zij liggen al in hun loodzwaren slaap,
Gekweld door droomen daaglijks onderdrukt,
Terwijl hij stilstaat op de steilste kaap,
Door hemelhooge en ijle klaart' verrukt.

Wandeling

Aan A. R.-H.

Dien middag, waarin ieder licht ontbrak,
Gingen wij langs den rand van zee en ruim.
Geen stem op aarde die de stilt' verbrak
Dan het verwijt der meeuwen om 't verzuim

Der laatste inscheping, niet meer te herstellen.
Er stond geen zeil ter kim, geen klip verbrak
De vlakte in verre deining – slechts het wrak,
Dat soms méér naar ons over scheen te hellen,

Wees hoe uit zee en lucht hun eenzaamheid
Zich samentrok op hem, vermolmd en zwak.
Wij worden van de onze, al zijn wij vlak
Bijeen, nooit door een eenzaam ding bevrijd.

Als woelige zee en hemel strak en wijd
Zijn wij elkander vreemd en toch vertrouwd:
De een altijd met stilte en rust in strijd,
De ander vol ijle vrede, sterk en koud.

En waar de wereld met haar wilde kimmen
Vergeefs naar 't onbereikbre golft en smacht,
Hoe vonden wij dan, zwervers, weldra schimmen,
Verstandhouding in scheemring, weldra nacht?

Aan den Verleider

Waar is het dat wij wilden zondigen
En dat het verbod het genot heeft verhoogd,
Maar als het waar is, dat wij Uw onmondige
Kinderen zijn, Almachtige, Voogd,
Waarom hebt Gij het dan gedoogd?

Maar het is waar: wij begingen de schennis
Met voorkeur aan het liefste en 't teerste,
Maar hoe droegen wij weten, kregen wij kennis
Van zonden zoetste, wreedste en zeerste
Als Uw verzoeking ons niet beheerschte?

Deze wegen kiezen alleen verleiden,
Voor ons waren wouden donker dicht,
Maar het is waar dat wij ons verblijdden
Op schuldige wijzen. Schuld willen wij belijden,
Zoo roep ons voor Uw Veemgericht!

Neem maar ons broost', onschuldigst' gevoelen,
Het worde tegen Uw toorn verbrijzeld;
Neem onze zuivre blanke koele
Lievelingen Uw hitte aan te koelen,
Voor onze schuld geschonden gegeeseld.

Wij liggen voor U op gekwetste knieën,
Voor opstand te zwak, voor bukken geboren,
Door U opgezweept; wij wisten te voren
Te moeten bezwijken, dat dynastieën
Zich sleepten tot hier, gelijken, die in
De eendre moerassen hun heil verloren.

Zeeroep

Ik ging gelooven dat ik nu zou rusten,
De winter in 't ommuurde stadje blijven,
Een huis bewonen, klare zinnen schrijven
En voor het eerst wat langer voortgekuste
Vrouwen hier bij mij hebben en, ter ruste
Met hen gegaan, lang in omhelzing blijven.
En langzaam werden mij hun willige lijven
Vertrouwd als vroeger vaak bezeilde kusten.

Zoo dacht ik zittend in mijn kamer, maar
Vannacht hoor ik de najaarsstorm aanheffen;
Het dakhout maakt als kreunend want misbaar.

Ik woon zoo ver van zee, zoo dicht bij haar;
't Storten der branding kan mij hier niet treffen.
Hoe kan ik zoo wanhopig klaar beseffen
Dat ik weer scheep zal gaan, voor 't eind van 't jaar.

Winterval op zee

Onder vermanenden bladerval,
Door het weemoedig mispelrood,
Langs den vergrijzenden waterval,
De zwarte heesters huivrend en bloot,
Brengt de herfst langs zachte omwegen,
In droefnis stijgende voorteekenen,
Ons tot den winter, den zomer ter dood.

Op de zee, zonder bosschen en dalen,
Is herfst een machtlooze geest in het ruim,
Die door de wolken mag dolen en klagen,
Maar zich nergens kan openbaren.
De groene golven vol drift en schuim
Worden in één nacht grauwer en stroever
Dan barre heuvlen en dragen ijs
In zware schotsen naar den oever,
Tot de wolken weerbarstig grijs.

De schippers die uit hun zuidlijke tochten
Den doortocht naar het Noorden zochten,
Den zomer meevoerend in hun boot,
Ervaren, verrast door de wervelingen
Die hen omsinglen en snerpend doordringen,
De koude plotseling als den dood.

Aan zee

Een vroegveroudrende zomer
Vond ons in een smal dorp,
Wildvreemden, door een worp
Van 't toeval saamgebracht
En toen maar opgenomen
Door 'n doode – in zijn droomen
Schonk hij ons geloof.

Wij gingen zelden naar zee,
Zelden en nooit tezamen,
Een hond of een meeuw ging mee.
Wij zaten meest in de kamer
Met die steenachtige meubels
(Steeds gelijk gerangschikt)
– Rustig, toch telkens beangstigd –
Te staren op de heuvels,
Zichtbaar door smalle sloppen
Schuin tegenover ons.
Over elk huis hingen toppen
Bevroren wolkendons.

Ook in de vierkante voor
Tusschen twee grauwe huizen
Begonnen beregend-goor
Plompgolvende duinen
Hun overgangen naar
De smalle kuststrook waar
De oceaan aldoor
Donderde, dreunde, ruischte,
Zoodat wij de branding voor
Ons zagen, vooral in 't duister.

Ik liep langs de wierwal te hopen,
Dat er een ramp zou gebeuren,
Een springvloed het vastland sloopen
Of dat de einder zou scheuren,
Een wolkenpoort opengaan,
Eindlijk een lichtblauwe bres
In grauwe wal zou slaan.

Ik hoopte in een groene flesch
'n Vergeelde brief te vinden,
Waarin beschreven
Een verre stranding,
Vaag aangegeven
Welke vaste winden
Open booten droegen
Naar 'n klip waar zij nog leven,
Leefden voor hoeveel jaar?
Als de volgende baar
Mij hun bericht bracht,
Dan zou ik gaan,
Mij bij hen voegen,
Met hen vergaan.

In mijn leven...

In mijn leven, steeds uiteengerukt
Door de vlagen waar 'k aan blootsta,
Daar 'k niet kan hechten aan liefde en geluk
Die mij zullen drijven tot ik doodga,
Ontstaan soms plotsling enkle plekken
Van een stilte zoo onaangedaan,
Dat ik geloof in slaap te zijn gekomen
Bij de diepten waar geen onderstroomen
Meer door 't eeuwig stilstaand water gaan.

Spleen

Laag hangt een groot en toch gering verdriet.
Het leven is wel mooi en ook wel leelijk.
Men kan elkaar liefhebben en ook niet.
'k Neem wat ik vind en wat ik heb, dat deel ik.

't Beteekent niets. Noem 't regen op de wegen,
Seconde' in 't uur of dagen in de maand.
Waarom ga je niet dood? Daar is niets tegen.
Een stem, nooit zwijgend, steeds om stilte maant.

Ik wil wel geven, ik wil ook wel nemen,
Maar ik verlang te veel en ben niets waard.
De last van steeds aanzwellende problemen
Drukt mij en licht mij op, leeg en bezwaard.

Milde, meedoogenlooze Parcen, schikt me in de
Zinlooze weefsels... Ik kan niet kiezen.
'k Heb niets dan angst. Kan ik mij ooit verliezen,
Blijf ik onsterflijk, steeds stikkende?

•

In steeds verlatener verdwaling
Vond ik een wereld van nog niet gekende
Ellende voor mij, steeds hooghartiger balling,
Hier vagebond, door geen sterveling erkende.

Waarom maak ik mij, worstlend door verwarring,
Niet met een plotsen zwaardhouw vrij,
In plaats van mij te schikken in verstarring
En langzaam stof te worden zooals zij?

Waarom berust ik in een moedelooze
En al verstokter onverschilligheid?
Het lot vergeten, dat ik had gekozen,
En laten varen in onwilligheid

Tot een geluk dat, groot, nog vol verwachting
Van grooter, zaliger verrukking was.
Vanwaar kwam de verlammende verachting,
Die mij deed dalen tot dit onedel ras?

À la Rossetti

Steeds ben ik met den vijand in mijzelf
In bangen worstelstrijd op leve' en dood.
Hij wint vaak veld met Afschuw van mijzelf,
Met ziekten en verraad tot bondgenoot.

Totdat mijn Zelfbewustzijn: trotsch gewelf,
Over mij instort; den genadestoot
Verbeid ik lang, woel mij dan langzaam bloot
En kom met tegenzin weer tot mijzelf.

Opnieuw dan strijd: voor immer onbeslist.
Soms tracht, ontwijkend, ik weer één te worden,
Vraag zelfs een vrouw of zij mij steunen wil,
Hoewel ik altijd innig-zeker wist
Dat ik verdoemd ben, al mijn kracht verspil,
Chaos behoor en nimmer raak tot Orde.

Avond

Het huis sliep achter zijn gesloten blinden,
Wij zaten samen op de kille bank,
De dag was als haar oude vader krank,
De blaren fluisterden met moede winden.

Moe van de geuren die zij moeten dragen
Van graven oud en rozen uitgebloeid,
Weemoedig vlagend door verwarde hagen
En 't armlijk loof dat om de zerken groeit.

Je hebt weinig gedacht en veel gezwegen
En stil de handen om mijn hoofd gelegd,
Zoo zeggend: „Ook de grootste liefde kan niet tegen
Den dood die niets ontziet en alles slecht."

•

Wordt het niet hoog tijd
Geluk door genot te vervangen?
Bijna veertig en nog bevangen
In verlangen naar maagdlijkheid,
Naar zuiverheid, naar rust, naar vrede,
Naar een tuin aan zeeën blauw,
Waar een ongerepte vrouw
Toelaat tusschen breede,
Volle en toch slanke dijen,
Mij voor eeuwig neer te vlijen
In oneindige omhelzing,
Waaraan ook het water deelneemt.

Ster

Een lange ingespannen blik
Hecht zich soms aan een sterke ster,
Die alleen staat en stralend ver,
Stil als een eeuwig oogenblik.
En 't leed dat nimmer zich kon wreken
Wordt sidderend, alsof het breken
Wil in een eindelooze snik,
Maar weet terstond van geen verzachting
Der eenzaamheid, in de omnachting
Weer starrer, na dien milden schrik,
In 't graf van 't hart teruggeweken.

Oud

Verwaaide heesters in een leegen tuin.
Klimrozen in de luwte van den muur.
Wat zonnebloemen, spruitend tusschen 't puin
Der vorige winter ingestorte schuur.
Het vage pad door hei naar 't lage duin,
Vanwaar ik 's middags op den einder tuur

Over mijn boot, gekanteld, half in 't zand,
Door 't laatste springtij hoog op 't strand getild.
Een meisje gaat, de rokken in de hand,
Als zeilde zij — wat lijkt ze slank, jong, wild —
Boven de golven, raaklings langs den rand
Van 't leven, enkel leunend op den wind.

Ben ik het zelf, die vroeger met een vrouw,
Jeugdig als zij, hier speelde nimf en sater,
En haar in 't doodstil zand, het deinend blauw
Bezeten heb, bemind en toch verlaten:
Die nu mij hier voel staan, te stram, te grauw,
En dezen buit voorbijlaat langs het water?

Nog

Dichten doe ik nog, maar als in droom,
In een droom waarover 't voorgevoel
Van te ontwaken in een werklijkheid
Die geladen is met ramp op ramp
Hangt als een zwaar onontkoombaar onweer
Dat in laatste stilt' zijn donder uitbroedt
Over 'n lieflijk maar al rottend landschap.
Tusschen zwammenwoekring bloeien bloemen,
Pluimen rijzen uit vergrauwde grassen,
Maar de meren spiegen vuile wolken
En het bosch kromt al zijn volle kronen.

En ikzelf loop in mijn droom, dat landschap,
Eerst nog vergezeld, dan plotsling eenzaam;
Tegelijk loer ik van achter stammen
Om mijzelf van schrik te doen ontwaken,
Maar ik ben verlamd – ik wil gaan roepen
Dat het onweer komt en de verwoesting
En daarna de doodlijke verdorring!

En ik roep, maar angst versmoort mijn kreet.
Ook 't geluid is hier gestorven?
                         Hoor,
Als een beek, onder toeloopend rotsdak,
Die zoo snel stroomt dat zij niet kan spieglen
De bedreiging die er boven hangt,
Ruischt het dwars door 't droomland van verbazing,
Dat ik dood voorzie en door moet dichten;
En de beek, ontsprongen uit die bron,
Roept met stroomversnelling, stemverheffing,
Maar zoo diep dat 'k niet kan onderscheiden
Of 't is van verontwaardiging of toejuiching:
„Dichten doe je nog?"

Herfst

Ik kon het in huis niet uithouden.
't Laatste lief stelde mij teleur
Evenzeer als het eerste.
Ik ging op 't terras uitzien op de wouden,
Trachtte mij te troosten met de allerteerste
Bloemen en de allerbedwelmendste geur.

Maar 't was later seizoen dan ik dacht; de koude
Bergwind trok dampen over de dalen,
Grijs werd alle kleur.
Ik dacht dat ik nooit meer van eene zou houden
En zag beneên door een nevelscheur
Het rood van de laatste mispels valen.

•

Ik had het leven me anders voorgesteld,
Meer als een spel van nauw betoomde krachten,
Van groote passies en vermetel trachten,
De groote trek, de worstling met geweld.

Geen vrouw is Venus en geen man is held,
En beiden trachten zij elkaar te pachten,
En geen van beide' is ooit een dag bij machte,
Te leven door klein euvel ongekweld.

Men wil, bij 't sneller omgaan van de jaren,
Zich graag voorgoed een ander wezen paren
En veel dat min is en gemeen verstoren.

Maar niemand die 't benarrend Zelf ontsnapt,
En breken moet die droom van ridderschap.
Men strijdt niet meer met wapens, maar met woorden.

•

Eenzaam en menschenschuw
Ga ik voortaan mijn weg;
Ik heb genoeg van 't sluw
Gekuip en 't laag gezag.

Geen die zooveel verloor,
Want ik had meer dan een;
Maar nu 'k mij niet meer stoor
Aan verwijt en geween,

Bijna niets meer bezit,
Voel ik mij opgelucht,
Als bij 't vallen van 't doek
Over een drieste klucht,

Krampachtig zwaar gespeeld. —

•

Ik leef al in 't ontoegankelijke,
Dat nog wel raaklijn aan de aarde heeft,
Maar waarvan de meesten 't bestaan niet weten
En, als ze er van hooren, 't ontkennen,
Verwaten als ze zijn; nu zeg ik: terloops
Op sommige dagen komt het dichtbijer,
Behoort zelfs een streep aarde er toe,
Waar bloemen staan tusschen oever en water,
Bergen teloorgaan in vlucht van wolken.
Op die dagen, gaande langs die gebieden,
Kon men overgaan zonder doodsstrijd,
Zonder angst voor het einde — vervliedend.
Maar menschen wagen zich niet op uiterste paden
Die hen te smal, te steil zijn, te ver,
Tusschen wolken en bergen, oevers en water.

Verleden

Ik denk aan 't eiland waar 'k niet meer zal komen:
— 't Is bijna niet uit zee te zien, zoo smal;
Het kleine dorp dat ik niet noemen zal
Ligt diep achter den dijk onder zijn boomen —

En aan de vrouw bij wie 'k niet meer zal komen:
Met haar lag ik één stormigen nacht tezaam,
De onrustige nachtwind rukte aan 't oude raam;
Zij lag zeer stil en mompelde een naam
Die 'k niet meer weet, maar draag in al mijn droomen.

Het leven is mij tot een last geworden
Die ik, daar geen heil meer zal komen, haat;
En 't is alleen dat ik het klagen laat
Om niet gehoord te worden door de horde.

Waarom zijn wij, alleen voor vreugd geboren,
Alleen bekwaam daarvan den lof te zingen,
Gedoemd tot dolen en te gaan verloren
In onze kracht te boven gaande worstelingen?

Van klaagzangen bezwijkend zwanger zal
Ik ze niet uiten, zwijgend verder gaan;
Niemand zal mij zien wanklen voor het dal
Waarin ik sterf, door niemand bijgestaan.

In memoriam mijzelf

Door vijanden omringd,
Door vrienden in den nood
Geschuwd als aas dat stinkt,
Houd ik mij lachend groot,
Al is mijn ziel verminkt,
Mijn lijf voor driekwart dood.

In 't leven was geen dag
Ooit zonder tegenspoed.
Ik leed kwaad en deed goed;
Dat is een hard gelag.
Nu, in verloren slag,
Strijd ik met starren moed.

Bedekt met sneeuw en ijs,
Getooid door menig lijk
Van wie de dwaze reis
Deed naar mijn innerlijk,
Eens vroeg licht als Parijs
Nu 't poolgebied gelijk.

Ik laat geen gaven na,
Verniel wat ik volbracht;
Ik vraag om geen gena,
Vloek voor- en nageslacht;
Zij liggen waar ik sta,
Lachend den dood verwacht.

Ik deins niet voor de grens,
Nam afscheid van geen mensch,
Toch heb ik nog een wensch,
Dat men mij na zal geven:
„Het goede deed hij slecht,
Beleed het kwaad oprecht,
Hij stierf in het gevecht,
Hij leidde recht en slecht
Een onverdraagzaam leven."

Épitaphe

Hij ging veroverend, niets ontziend,
Een ontzette wereld door,
Heeft onbegrensde rijken gesticht –
Alles gaat weer teloor.

Vrouwen en vleiers zat, vrouw noch vriend
Die hem vrijwillig verkoor;
Vrees maakt eenzaam: hij heeft enkle liedren gedicht
Voor zichzelf, buiten elk gehoor.

Waarvoor heeft dit woeste leven gediend?
Rijk en roem gingen teloor.
Voor die liedren? Ach neen, ook die zijn vergaan.
Een woord blijft, een woord slechts: waarvoor?

Compromis

De berg der stilte kan ik niet bestijgen
Door het verwarrend woud herinnering;
Dus wil ik onder zeil van mijmering
Voortdrijven op een zee van eeuwig zwijgen.

Het einde

Vroeger toen 'k woonde diep in 't land,
Vrat mij onstilbaar wee;
Zooals een gier de lever, want
Ik wist: geen streek geeft mij bestand,
En 'k zocht het ver op zee.

Maar nu ik ver gevaren heb
En lag op den oceaan alleen,
Waar zelfs Da Cunha en Sint-Heleen
Niet boren door de kimmen heen,
Voel ik het trekken als een eb

Naar 't verre, vaste, bruine land...
Nu weet ik: nergens vind ik vree,
Op aarde niet en niet op zee,
Pas aan die laatste smalle ree
Van hout in zand.

Verantwoording

Dit is geen chronologische selectie uit de poëzie van Slauerhoff. De verschillende thema's staan in een associatieve volgorde. Gedichten over de jeugd staan vooraan, gedichten over het naderende einde achteraan. Daartussenin de liefdesgedichten en de poëzie die op zijn zeereizen is ontstaan.
De honderd mooie gedichten, verzameld in *Op aarde niet en niet op zee*, zijn gekozen uit de editie K. Lekkerkerker van de *Verzamelde Gedichten* (achttiende druk 1999, Uitgeverij Nijgh & Van Ditmar).

H.V.

Inhoud

De zon straalt soms zoo fel uit de eeuwigheid 5

Scheppingsverhaal 6

Voorwereldlijk landschap 7

Kindervrage 8

Onderzeesch bosch 9

Jeugdherinnering 10

Voorgevoel 11

De schalmei 12

Volkswijze 13

Het boegbeeld: de ziel 14

De voorpost 18

Het einde 19

Catastrophe 20

De dooden en de kinderen 21

Ultra mare 22

Lof der stoomvaart 23

De albatros 24

Brieven op zee 25

Drie vlinders fladderen, dicht bij elkaar 26

Verzadiging 27

De voorteekenen 28

Mandalika 29

Paschen 30

Dit eiland 33

Oerwoud   35

De vagebond   40

Outcast   41

Fogo   42

Arcadia   43

O Konakry!   44

De zonnesteek   46

Dame seule   48

De vrouw aan het venster   49

De dienstmaagd   50

Pastorale   52

Eros   54

Fuego   55

Chiara   56

Fado's   58

O, was zij nooit aangeraakt   59

Morgen rijd ik met bedwelmende bloemen naar je toe   60

Kon ik eenmaal toch jouw dans weergeven   61

Woorden in den nacht   62

De ochtendzon   63

Bruiloftslied   64

Liefdesbrieven   67

De bezoeker   68

Billet doux   69

Japansche danseres   70

Hathor   71

Corridas 72

Provinciale 73

Complainte 74

De chimaeren 76

Columbus 78

't Zwerk ligt terneergeslagen 80

Nieuwjaarsboutade 81

Sjin Nam Po 82

Een vrouw 83

Aan Po Tsju I 84

Houd je gedachten af van gedane dingen 85

Mijn kind Goudklokje 86

Na Goudklokjes dood 87

Op zijn kalen kop 88

Dronken in de lente 89

Vroege sneeuwv 90

De doode beminde 91

'k Verkeer in weelde tusschen de bloemen met wijn 92

De jonken 93

La voyageuse 94

Saudade 96

In Nederland... 98

Woninglooze 100

Tot mijn erfgenaam 101

De argeloozen 102

De burgers 105

Wandeling 108
Aan den Verleider 109
Zeeroep 111
Winterval op zee 112
Aan zee 113
In mijn leven... 116
Spleen 117
In steeds verlatener verdwaling 118
À la Rossetti 119
Avond 120
Wordt het niet hoog tijd 121
Ster 122
Oud 123
Nog 124
Herfst 126
Ik had het leven me anders voorgesteld 127
Eenzaam en menschenschuw 128
Ik leef al in 't ontoegankelijke 129
Verleden 130
Het leven is mij tot een last geworden 131
In memoriam mijzelf 132
Épitaphe 134
Compromis 135
Het einde 136

Verantwoording 138